# Was ist Lernen an Stationen?

Beim Lernen an Stationen handelt es sich um eine Form selbstständigen Arbeitens, bei der
☐ unterschiedliche Lernvoraussetzungen,
☐ unterschiedliche Zugänge und Betrachtungsweisen,
☐ unterschiedliches Lern- und Arbeitstempo
☐ und häufig fächerübergreifendes Arbeiten
berücksichtigt werden.

## Grundidee

Den Kindern werden Arbeitsstationen zur individuellen Bearbeitung angeboten, an denen sie selbstständig, in beliebiger Abfolge und meist auch in frei gewählter Sozialform entsprechend ihren Möglichkeiten und Fähigkeiten arbeiten. Damit soll ihnen optimales Lernen und Üben ermöglicht werden.

## Herkunft und Entwicklung

Die Idee des Lernens an Stationen, auch Lernzirkel genannt, kommt ursprünglich aus dem Sportbereich. Das „circuit training", von Morgan und Adamson 1952 in England entwickelt, stellt den Sportlern unterschiedliche Übungsstationen zur Verfügung, die sie der Reihe nach oder in freier Auswahl durchlaufen.
Eine Übertragung dieser Lernform auf Unterrichtsinhalte in verschiedenen Fächern wurde zunächst an der Schallenbergschule in Aidlingen/Baden-Württemberg, später am Seminar für schulpraktische Ausbildung in Sindelfingen und seit etwa 1980 an vielen Schulen aufgegriffen und stetig weiterentwickelt.
Der Herausgeber und die Autoren stellen die Ergebnisse ihrer eigenen praktischen Arbeit und Erfahrung in dieser Reihe vor und bieten ihre Materialien als Grundlage für den direkten Einsatz oder als Grundlage für eine Anpassung an eigene Bedürfnisse an.

## Zielrichtungen

Das Lernen an Stationen kann unterschiedliche Ziele verfolgen:
☐ durch ein breites Angebot optimales Üben ermöglichen, das die verschiedenen Lerneingangskanäle, allgemeine Übungsgesetze, unterschiedliche Aufgabenarten, Schwierigkeiten und Hilfestellungen berücksichtigt,
☐ vertiefendes Bearbeiten eines Inhalts beziehungsweise eines Themengebietes, indem Kinder nach zuvor gestalteter Übersicht oder Einführung die Inhalte auf ihre Art, mit ihren Möglichkeiten und in ihrem individuellen Tempo auf unterschiedlichen Ebenen selbstständig bearbeiten,
☐ selbstständig Themengebiete erarbeiten, indem die Kinder durch angemessene Arbeitsangebote Sachverhalte hinterfragen, erforschen, erfahren, gestalten usw.,
☐ Angebote aus Schulbüchern oder Medien unter ganzheitlicher Betrachtungsweise aufarbeiten, indem die

Kinder Aufgabenstellungen zu Teilgebieten mit unterschiedlicher Betrachtungsweise und auf unterschiedlichen Ebenen fächerübergreifend bearbeiten.

## Organisation

Die einzelnen Arbeitsaufträge geben den Kindern klare oder offene Aufgabenstellungen mit eindeutigen Anweisungen. Die Angebote werden im Klassenzimmer zur Verfügung gestellt, indem der Arbeitsauftrag durch Aushängen oder Auslegen bereitgestellt wird. Dazu bietet sich zum Schutz das Verpacken in Prospekthüllen an.
Als Ort zum Aushängen eignen sich alle Wand- und zum Teil auch die Fensterflächen. Pinn-Nadeln oder Nägel (Nagelleisten) erleichtern das Aufhängen und Abnehmen. Beim Auslegen der Arbeitsangebote bzw. -aufträge helfen Ablagekörbe, Ordnung zu halten.
Das Bereitstellen außerhalb der Schülerarbeitstische (also auf Fensterbänken, Nebentischen oder durch Aufhängen) erübrigt das tägliche Aufbauen und Wiederabräumen, stellt also eine große zeitliche und organisatorische Erleichterung dar. Falls im „Fachlehrerbetrieb" der ständige Abbau nötig ist, sind ineinander stapelbare Ablagekörbe, in denen die Aufträge verbleiben, sehr hilfreich.
Die Kennzeichnung der einzelnen Stationen durch Ziffern, Buchstaben oder Symbole hilft den Kindern bei der Orientierung. Durch bewusste Verwendung dieser Ordnungsangebote kann die Struktur des Themengebietes oder eine andere Struktur (z. B. Arbeitsform o. Ä.) gleichzeitig verdeutlicht werden.

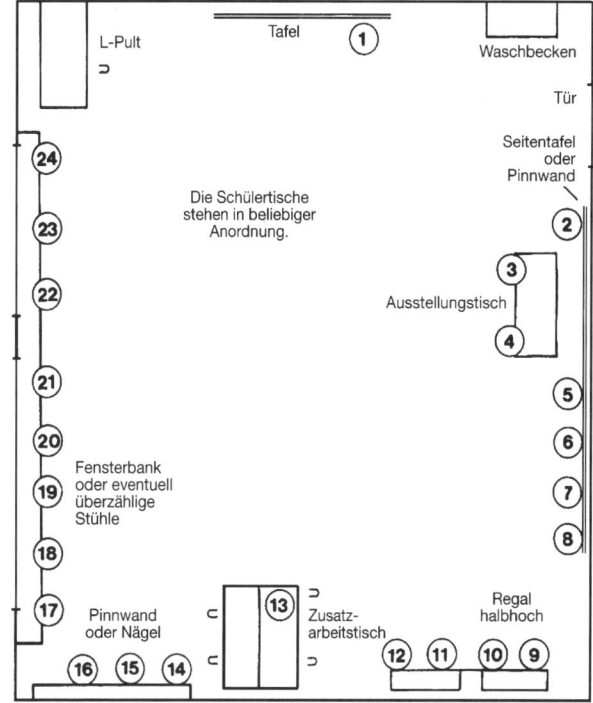

Eine Fortschrittsliste bzw. ein Laufzettel gibt Kindern wie Lehrkräften jederzeit eine Rückmeldung über den derzeitigen Bearbeitungsstand und dient der Übersicht.

## Bearbeitungsdauer
Die tägliche Bearbeitungszeit sollte in der Regel etwa eine, im Höchstfall bis zu zwei Unterrichtsstunden betragen. Der insgesamt mögliche Zeitrahmen ist den folgenden Hinweisen zur aktuellen Thematik zu entnehmen.

## Auswahlangebote
Den Kindern ist sinnvollerweise ein Auswahlangebot zu ermöglichen. Minimalanforderungen können von der Lehrerin oder dem Lehrer definiert werden. Als Orientierungshilfe finden Sie dazu in den Hinweisen zu diesem Themenheft weitere Angaben.

## Einführung
Eine besondere Einführung erübrigt sich meist, wenn die Kinder bereits vor Beginn der eigentlichen Arbeit die Stationen und ausgelegten Materialien ansehen können. Die kindliche Neugier sowie gegenseitige Informationen und Gespräche machen dann nur noch in seltenen Fällen eine Vorstellung einzelner Stationen und die erstmalige Zuweisung der Anfangsstation erforderlich.

## Sonstige Tipps
Organisatorische Bedingungen und Festlegungen sind möglichst an der konkreten Situation und erst beim tatsächlichen Bedarf zu klären und zu regeln. Ist die Klassenstärke größer als die Anzahl der zur Verfügung stehenden Arbeitsstationen, können Sie die einzelnen Arbeitsaufträge mehrfach anfertigen. Weitere Hinweise zur Organisation, zu den Inhalten und zum Lernen an Stationen allgemein finden Sie im Einführungsband zu dieser Reihe, der unter dem Titel *Lernen an Stationen in der Grundschule. Ein Weg zum kindgerechten Lernen* beim Cornelsen Verlag Scriptor (ISBN 3-589-21108-3) erschienen ist.

*Roland Bauer*
*(Herausgeber)*

# Allgemeine Hinweise zu diesem Themenheft

Obst und Gemüse sind wichtige Lebensmittel für eine gesunde und ausgewogene Ernährung. Sie enthalten wertvolle Vitamine, Mineralstoffe und Spurenelemente.
Kinder bringen in der Regel schon einige Vorkenntnisse zu diesem Thema mit. Sie wissen meist, dass Obst und Gemüse gesund sind, und können gängige Obst- und Gemüsesorten benennen.
Das Themenheft greift im spielerischen Umgang die Vorkenntnisse der Kinder auf und vertieft sie. Sie lernen wichtige Obst- und Gemüsesorten zu benennen und sie zu unterscheiden. Sie erfahren, welches Obst und Gemüse bei uns wächst und welches aus südlichen Ländern importiert wird. Ebenso lernen die Kinder kennen, welche Teile einer Pflanze wir essen und wo das Obst bzw. Gemüse wächst. Das Themenheft soll einen Anreiz schaffen, gesunde und leckere Obst- und Gemüserezepte auszuprobieren, und aufzeigen, wozu sich Obst und Gemüse weiterverarbeiten lassen.
Möglichst handlungsorientiert und mit allen Sinnen können die Kinder das Thema Obst und Gemüse erforschen und begreifen.

## Bearbeitungshinweise
Die Stationen dieses Bandes sind in 10 Themenbereiche eingeteilt:

- ☐ Obst kennen lernen
- ☐ Gemüse kennen lernen
- ☐ Obst und Gemüse kennen lernen
- ☐ Obst und Gemüse unterscheiden
- ☐ Kern-, Stein- und Beerenobst
- ☐ Südfrüchte
- ☐ Baum- und Strauchfrüchte
- ☐ Blatt-, Frucht- und Wurzelgemüse
- ☐ Obst und Gemüse verarbeiten
- ☐ Obst- und Gemüsewürfelspiel

Mit der Auswahl der Arbeitsblätter kann die Lehrkraft alle oder nur einzelne Themenbereiche als Stationen anbieten. Arbeitsaufträge mit Inhalten, die Sie als Lehrkraft für besonders wichtig halten, können Sie zur Pflichtaufgabe für alle Kinder erklären oder diese gemeinsam mit den Kindern in der Großgruppe bearbeiten. Eine Anmerkung: Es wird der Begriff „Karotte" verwendet.
Das Bearbeiten einiger Arbeitsaufträge erfordert ein vielfältiges und spezifisches Vorwissen, das nicht alle Kinder mitbringen. So ist es sinnvoll, dass die Arbeit mit dem vorliegenden Material durch Informationen, Gespräche sowie Austausch der Kinder untereinander begleitet wird. Die Fragekarten zum Obst- und Gemüsewürfelspiel eignen sich über die eigentlich vorgesehene Verwendung hinaus für ein Quiz-Spiel mit der gesamten Klasse.
Arbeitsaufträge mit zwei lachenden Gesichtern ☺☺ kennzeichnen Partner- und Gruppenaufgaben.

## Laufzettel
Damit die Schülerinnen und Schüler einen Überblick über ihre schon erledigten Stationen erhalten, kann zur Dokumentation ihrer Arbeit ein Laufzettel angelegt werden, den sie selbstständig verwenden können. Da die Symbole des Laufzettels identisch mit denen der jeweiligen Arbeitsblätter sind, wird den Kindern eine räumliche und inhaltliche Orientierung erleichtert.

# Stationenüberblick

# Laufzettel von: .................................................

Die folgenden Stationen habe ich schon geschafft:

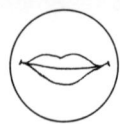

## Obst schmecken

- Suche dir eine Partnerin oder einen Partner.

- Lasse dir die Augen verbinden.

- Deine Partnerin oder dein Partner gibt dir ein Stück Obst in den Mund.

- Benenne das Obst.

- Wechselt die Rollen.

## Obst untersuchen

■ Schneide das Obst auf und betrachte es genau.

■ Fülle die Tabelle aus.

■ Vergleiche mit dem Lösungsblatt.

| | Farbe außen? | Wie fühlt sich die Schale/ Haut an? | Farbe innen? | Hat das Obst einen Stein oder einen Kern? |
|---|---|---|---|---|
| Birne | | | | |
| Kirsche | | | | |
| Erdbeere | | | | |
| Apfel | | | | |
| Pfirsich | | | | |
| Zitrone | | | | |
| Banane | | | | |
| Orange | | | | |

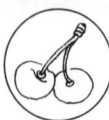

## Obst und aufgeschnittene Fruchthälften verbinden

▪ Verbinde das Obst mit der dazugehörigen Fruchthälfte.

▪ Vergleiche mit dem Lösungsblatt.

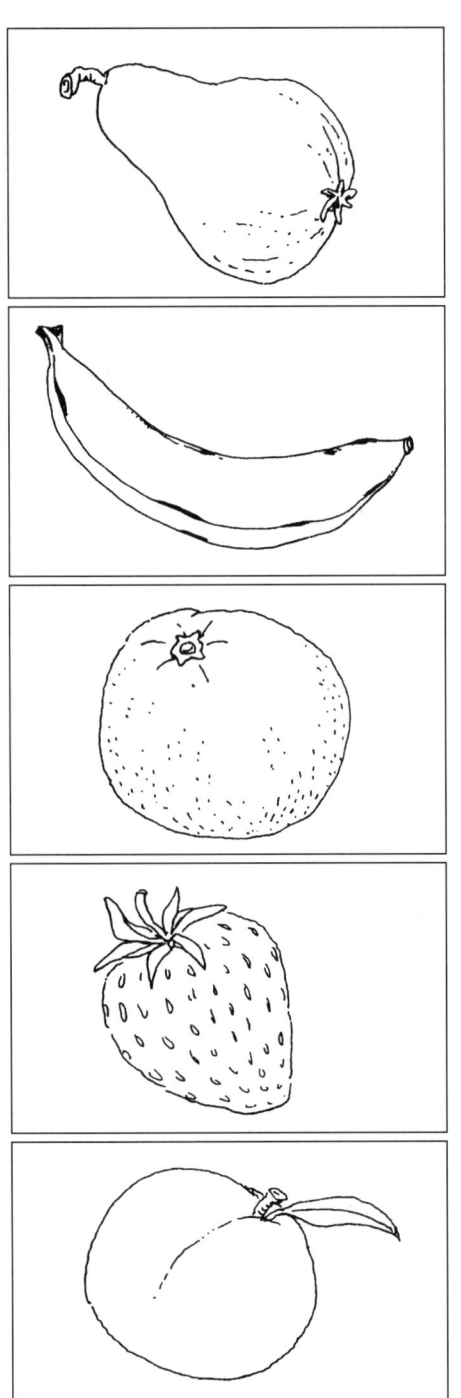

## Obstsorten einkreisen

■ Suche die abgebildeten Obstsorten und kreise ihre Namen ein.

■ Vergleiche mit dem Lösungsblatt.

| | | | | | | | | |
|---|---|---|---|---|---|---|---|---|
| A | N | A | N | A | S | W | H | I |
| R | S | A | P | F | E | L | I | T |
| Z | O | U | E | F | K | N | M | L |
| I | B | P | B | R | I | S | B | P |
| T | I | T | A | B | W | C | E | A |
| R | R | X | N | D | I | A | E | T |
| O | N | E | A | T | P | S | R | G |
| N | E | G | N | H | I | J | E | S |
| E | K | M | E | N | P | F | N | G |
| K | I | R | S | C | H | E | H | K |
| L | E | R | D | B | E | E | R | E |
| T | R | A | U | B | E | N | M | P |

## Obst-Memorix 1, Spielregeln

▨ Suche dir eine Spielpartnerin oder einen Spielpartner.

▨ Legt alle Spielkarten verdeckt auf den Boden.

▨ Deckt der Reihe nach immer zwei Karten auf.

▨ Jeweils eine Bild- und eine Wortkarte ergeben ein Paar.

▨ Sieger ist, wer die meisten Paare gefunden hat.

## Obst-Memorix 2, Spielkarten

| | | | |
|---|---|---|---|
|  | 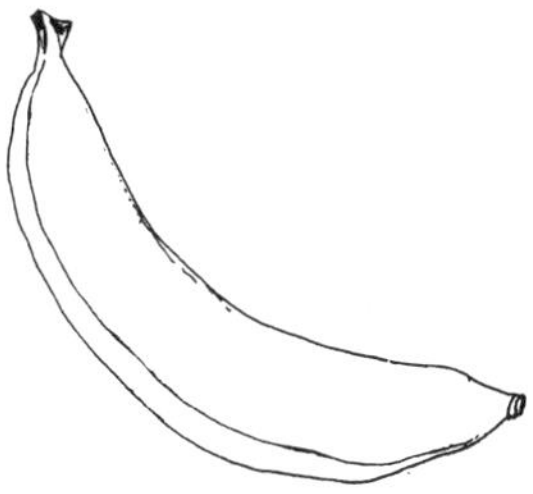 |  | 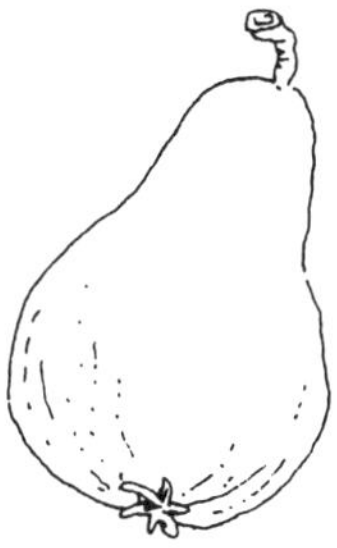 |
| 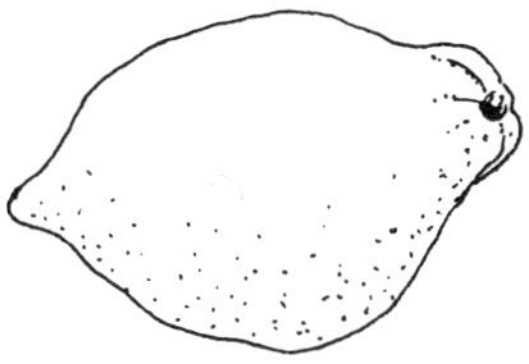 | 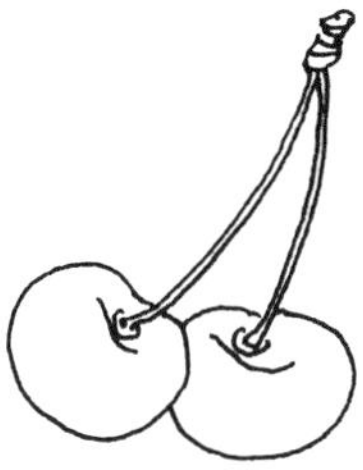 |  |  |
| 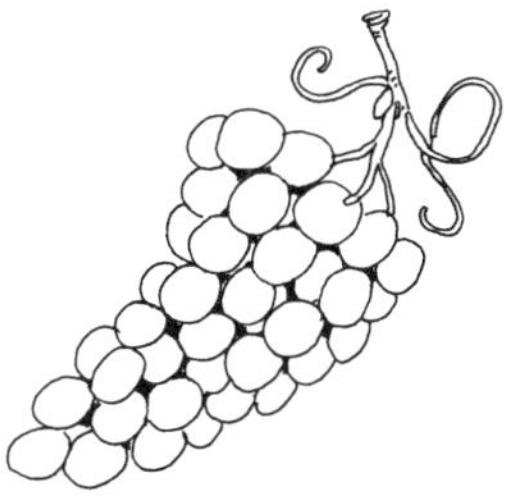 |  | **Birne** | **Pflaume** |
| **Banane** | **Erdbeere** | **Zitrone** | **Kirsche** |
| **Kiwi** | **Apfel** | **Traube** | **Ananas** |

## Gemüse ertasten

▪ Befühle mit deinen Händen das Gemüse in der Kiste und benenne es.

▪ Überprüfe das Ergebnis, indem du das Gemüse herausholst.

# Gemüse kennen lernen

## Gemüsesorten den richtigen Bildern zuordnen

■ Schneide die Puzzleteile aus und lege sie auf das passende Bild.

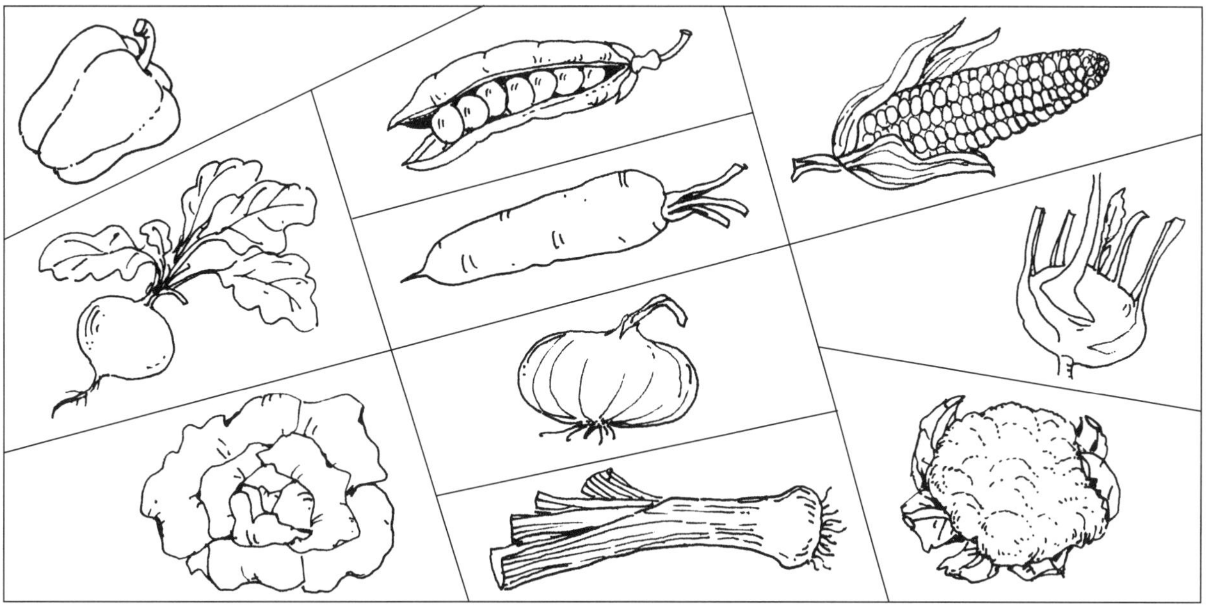

Lauch

Paprika

Salat

Zwiebel

Karotte

Erbse

Radieschen

Kohlrabi

Blumenkohl

Mais

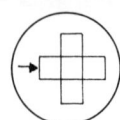

## Gemüsesorten im Kreuzworträtsel eintragen

■ Fülle das Kreuzworträtsel aus.

■ Vergleiche mit dem Lösungsblatt.

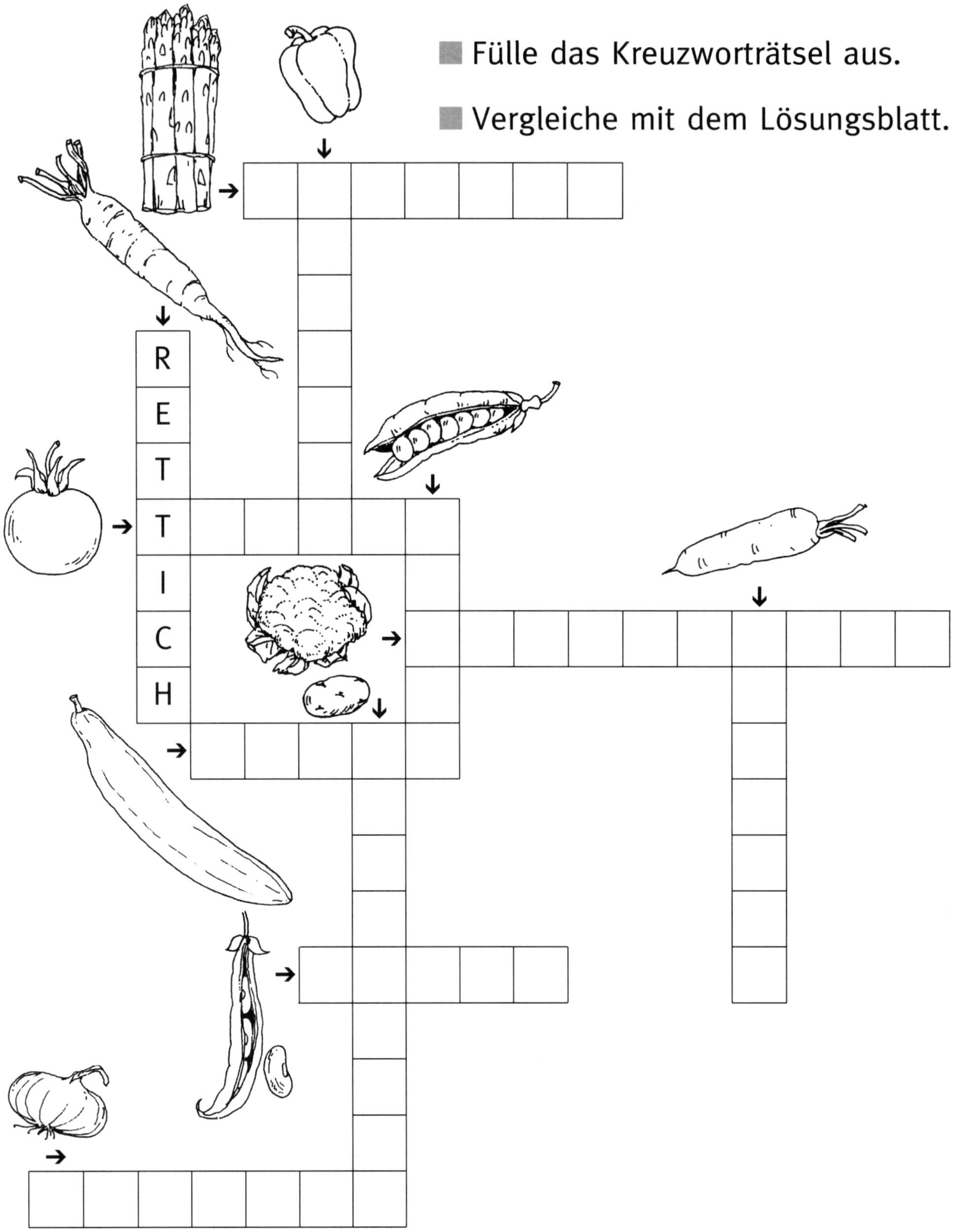

R
E
T
T
I
C
H

© Cornelsen Verlag Scriptor, Berlin • Lernen an Stationen • Themenheft „Obst und Gemüse"

# Gemüse kennen lernen

## Gemüse und Samen verbinden

▨ Verbinde das Gemüse mit dem passenden Samen.

▨ Vergleiche mit dem Lösungsblatt.

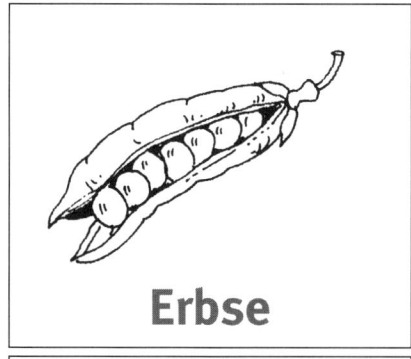

**Erbse**

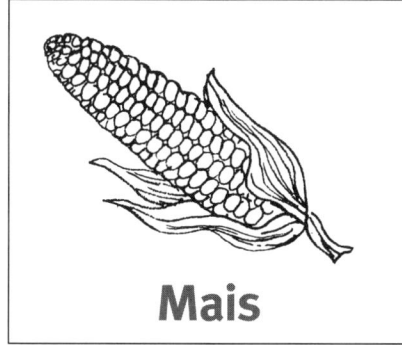

**Mais**

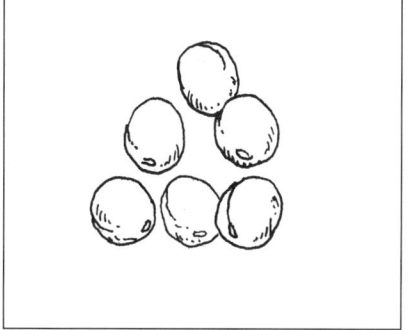

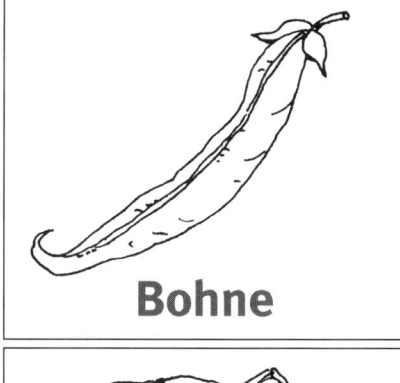

**Bohne**

**Kürbis**

## Obst- und Gemüsedomino 1, Spielregeln

■ Lege das Domino. Finde zu jedem Rätsel das passende Obst oder Gemüse.

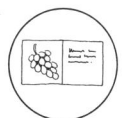

## Obst- und Gemüsedomino 2, Spielkarten

| | |
|---|---|
| **START** | Ich habe eine rote und glatte Haut. In mir sind kleine gelbe Kerne. |
| Tomate | Ich bin von grünen Blättern umgeben. Ich sehe aus wie eine große weiße Blume. |
| Blumenkohl | Ich bin rot und schmecke süß. In mir ist ein Stein. Am Baum gibt es mich immer als Paar. |
| Kirsche | Ich bin krumm. Meine gelbe Schale musst du zuerst schälen, bevor du mich essen kannst. Die Affen mögen mich besonders. |
| Banane | Ich wachse in der Erde und habe eine orangefarbene Wurzel. Auch Hasen knabbern gerne an mir. |
| Karotte | Ich wachse an einem Baum und mich gibt es in verschiedenen Farben. Außen bin ich knackig und im Inneren saftig. Meistens bleibt von mir nur das Kerngehäuse übrig. |
| Apfel | Wir wachsen gut beschützt in einer grünen langen Schale. Wir sind klein, rund und grün. |
| Erbsen | Uns gibt es in grüner oder blauer Farbe. An einem Stängel wachsen viele von uns. Aus uns kann man ein alkoholisches Getränk brauen. |
| Weintrauben | Ich bestehe aus vielen grünen Blättern. Man kann mich mit Essig und Öl würzen. Auch Hasen und Hamster mögen mich. |
| Salat | **ENDE** |

# Obst und Gemüse kennen lernen

## Obst- und Gemüsenamen finden

■ Überlege dir zu jedem Buchstaben bzw. jeder Buchstaben-
gruppe eine Obst- oder Gemüsesorte.

**Obst- und Gemüse-Abc**

A _____  L _____

B _____  M/N _____

C _____  O _____

D _____  P _____

E _____  Q _____

F _____  R _____

G _____  S _____

H _____  T _____

I/J _____  U/V/W _____

K _____  X/Y/Z _____

# Obst und Gemüse kennen lernen

## Obst- und Gemüsecollage erstellen

▦ Schneide aus Zeitschriften und Prospekten
Obst und Gemüse aus.

▦ Ordne es auf einem Blatt Papier zu einem Gesicht
oder einer ganzen Figur wie im Beispiel.

▦ Klebe alle Teile auf.

Obst- und Gemüsecollage erstellen

## Gemüsesorten herausfinden

■ Male bei allen Gemüsesorten den Punkt schwarz an.

■ Vergleiche mit dem Lösungsblatt.

| ◯ Obst: | ● Gemüse: |

## Obst und Gemüse sortieren 1

▨ Schneide die Obst- und Gemüseabbildungen aus und klebe sie in die richtige Spalte.

▨ Male das Obst und das Gemüse in der richtigen Farbe an.

▨ Vergleiche mit dem Lösungsblatt.

| Obst | Gemüse |
|------|--------|
|      |        |
|      |        |
|      |        |
|      |        |
|      |        |
|      |        |

## Obst und Gemüse sortieren 2

 © Cornelsen Verlag Scriptor, Berlin • Lernen an Stationen • Themenheft „Obst und Gemüse"

## Obst und Gemüse zuordnen

▨ Schneide aus Zeitungen und Prospekten
Obst und Gemüse aus.

▨ Klebe es auf das passende Plakat.

## Obst und Gemüse erkennen und sortieren

■ Welches Obst und Gemüse erkennst du?

■ Trage es in die passende Tabelle ein.

■ Male das Obst und Gemüse auf dem Bild in der richtigen Farbe an.

■ Vergleiche mit dem Lösungsblatt.

|  Obst  | 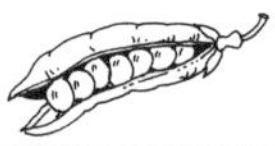 Gemüse 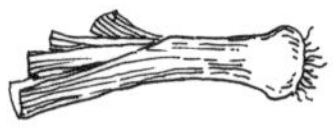 |
|------|--------|
|  |  |
|  |  |
|  |  |
|  |  |
|  |  |
|  |  |

# Kern-, Stein- und Beerenobst

## Obst sortieren 1

▨ Schneide die Obstsorten aus und klebe sie
in die richtige Spalte ein.

▨ Vergleiche mit dem Lösungsblatt.

| Kernobst | Steinobst | Beerenobst |
|---|---|---|
|  |  |  |

## Obst sortieren 2

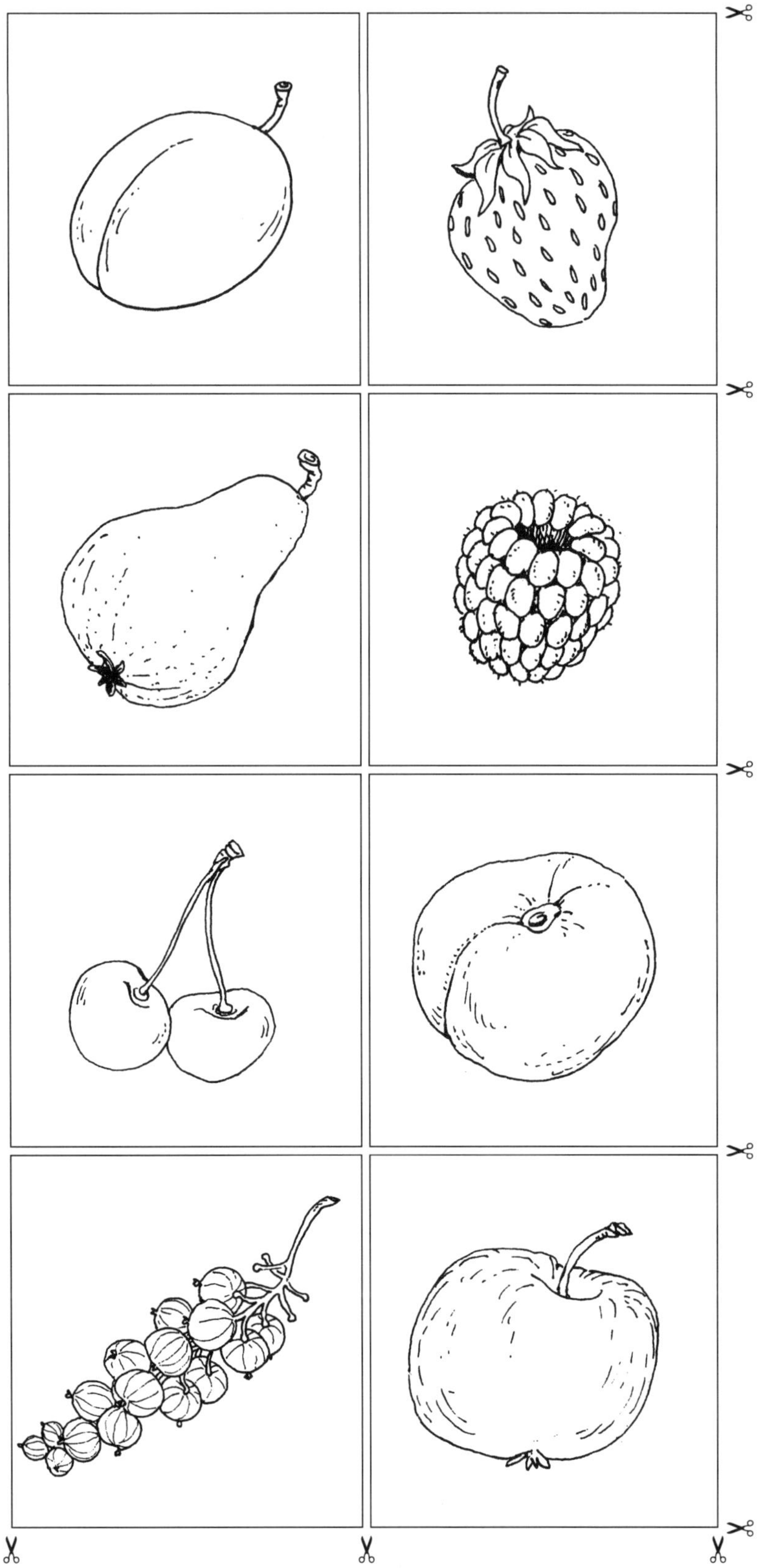

## Teile eines Kernobstes benennen

Suche die Teile des Apfels im Bild und male sie in der vorgegebenen Farbe an.

- Kerne: dunkelbraun
- vertrocknete Blüte: grün
- Schale: rot
- Stiel: gelb
- Fruchtfleisch: gelb
- Kerngehäuse: orange

Schneide das Apfelfaltbild aus.

Male auch den restlichen Apfel an.

## Teile eines Steinobstes benennen

■ Suche die Teile der Pflaume im Bild und male sie in der vorgegebenen Farbe an.

- Stein: braun
- Stiel: grün
- Fruchtfleisch: lila
- Schale: dunkelblau

■ Schneide das Pflaumenfaltbild aus.

■ Male auch die restliche Pflaume an.

## Teile eines Steinobstes benennen

© Cornelsen Verlag Scriptor, Berlin • Lernen an Stationen • Themenheft „Obst und Gemüse"

## Südfrüchte herausfinden

Auf dem Markt gibt es auch Früchte, die bei uns gar nicht wachsen. Sie kommen aus südlichen warmen Ländern. Man nennt sie deshalb Südfrüchte.

- Suche am Marktstand die Südfrüchte und male sie in der richtigen Farbe an.

- Vergleiche mit dem Lösungsblatt.

## Wörter bilden

■ Schreibe die Namen der Südfrüchte richtig auf.

■ Vergleiche mit dem Lösungsblatt.

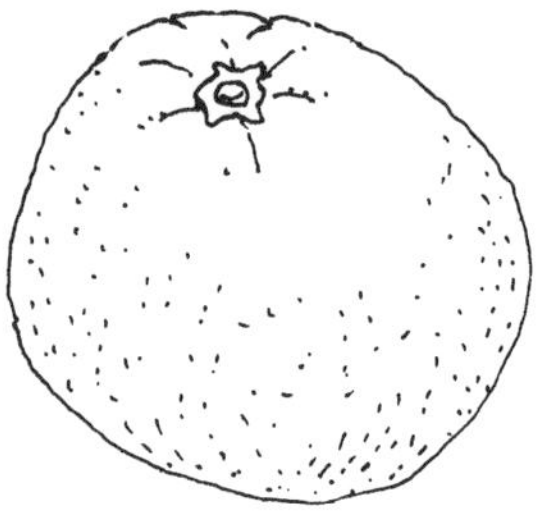

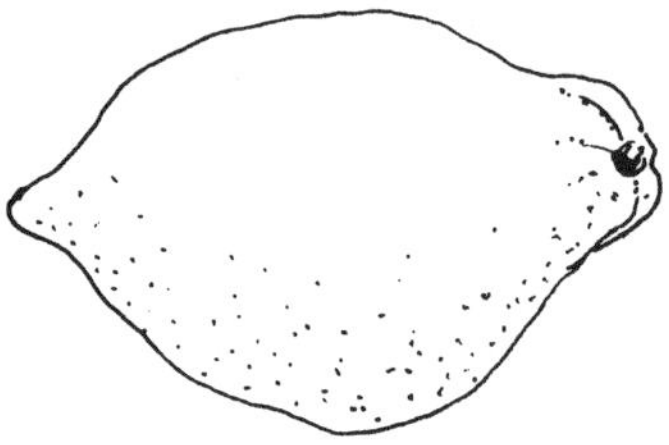

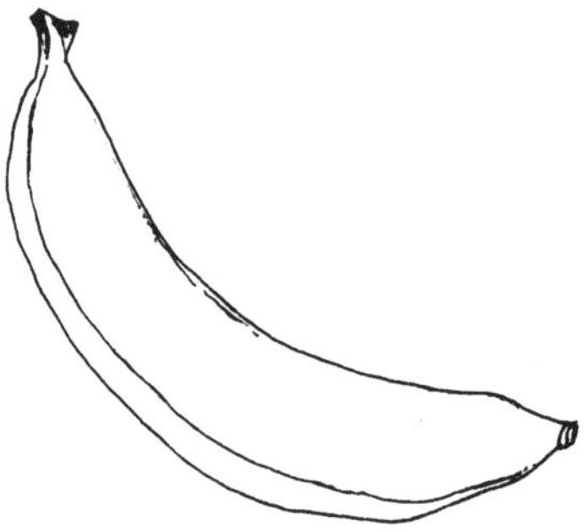

| | | |
|---|---|---|
| O n e g r a a | a a n n s a A | Z o e t n r i |
| _____ | _____ | _____ |
| B a n n e a | K i i w | Pf s i r i ch |
| _____ | _____ | _____ |

## Früchte zuordnen

Manche Früchte wachsen an Bäumen,
andere dagegen an Sträuchern.

■ Schneide die Früchte aus und klebe sie zur richtigen Pflanze.

■ Vergleiche mit dem Lösungsblatt.

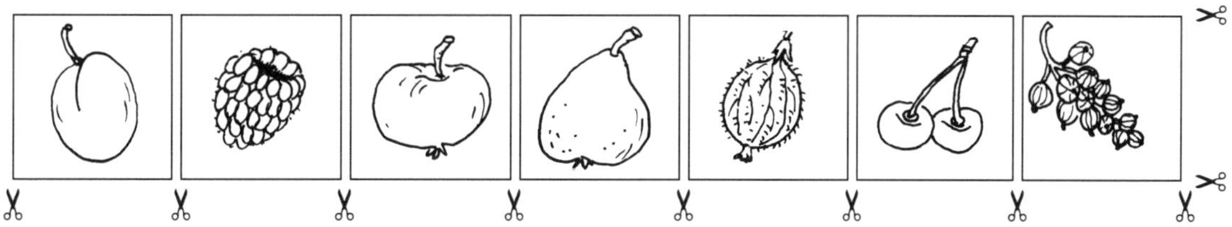

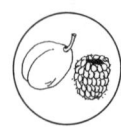

## Früchte erkennen und in die richtige Spalte eintragen

■ Schreibe die Namen der Früchte in die richtige Spalte.

■ Vergleiche mit dem Lösungsblatt.

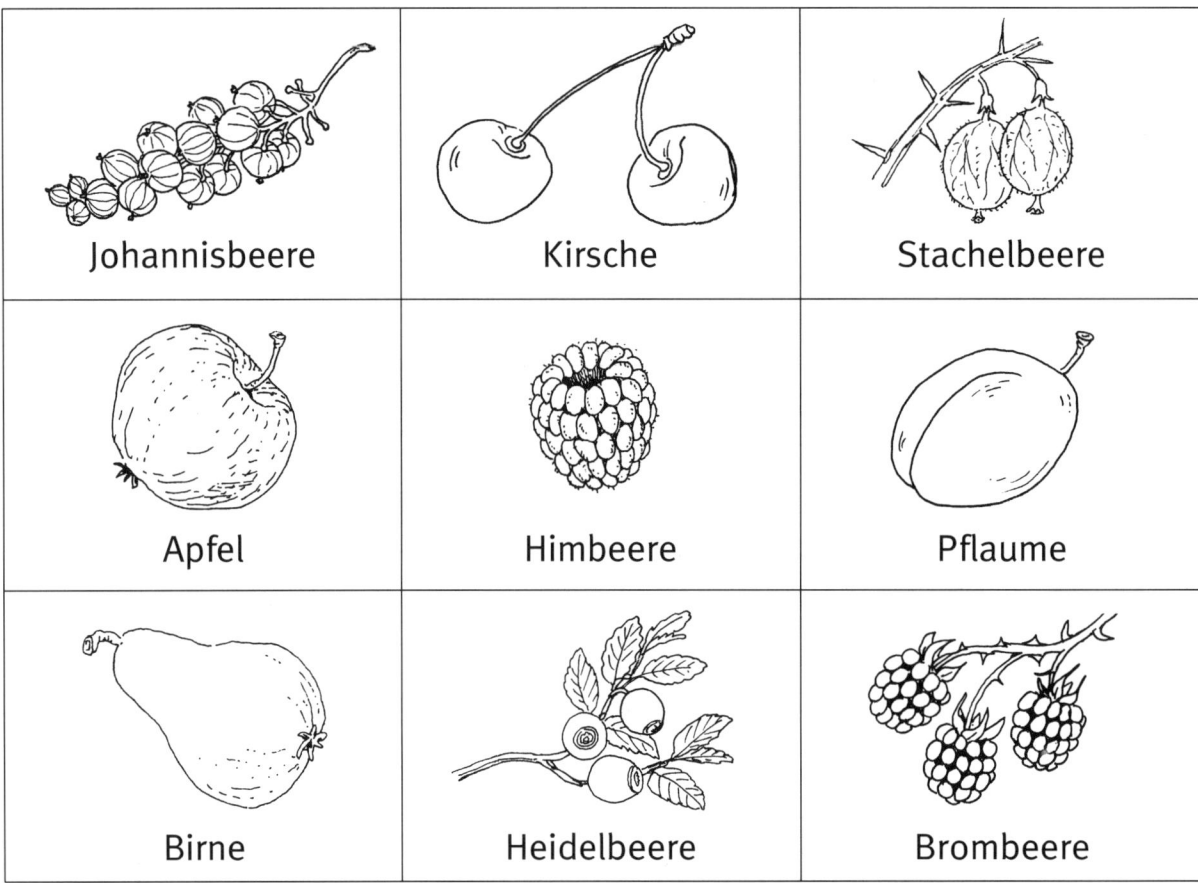

| Johannisbeere | Kirsche | Stachelbeere |
| Apfel | Himbeere | Pflaume |
| Birne | Heidelbeere | Brombeere |

**Baumfrucht**　　　　　**Strauchfrucht**

## Gemüse-Puzzle 1

▨ Sortiere zunächst die Puzzleteile nach Blattgemüse,
Fruchtgemüse und Wurzelgemüse.

▨ Setze nun die Puzzleteile zusammen.

## Gemüse-Puzzle 2

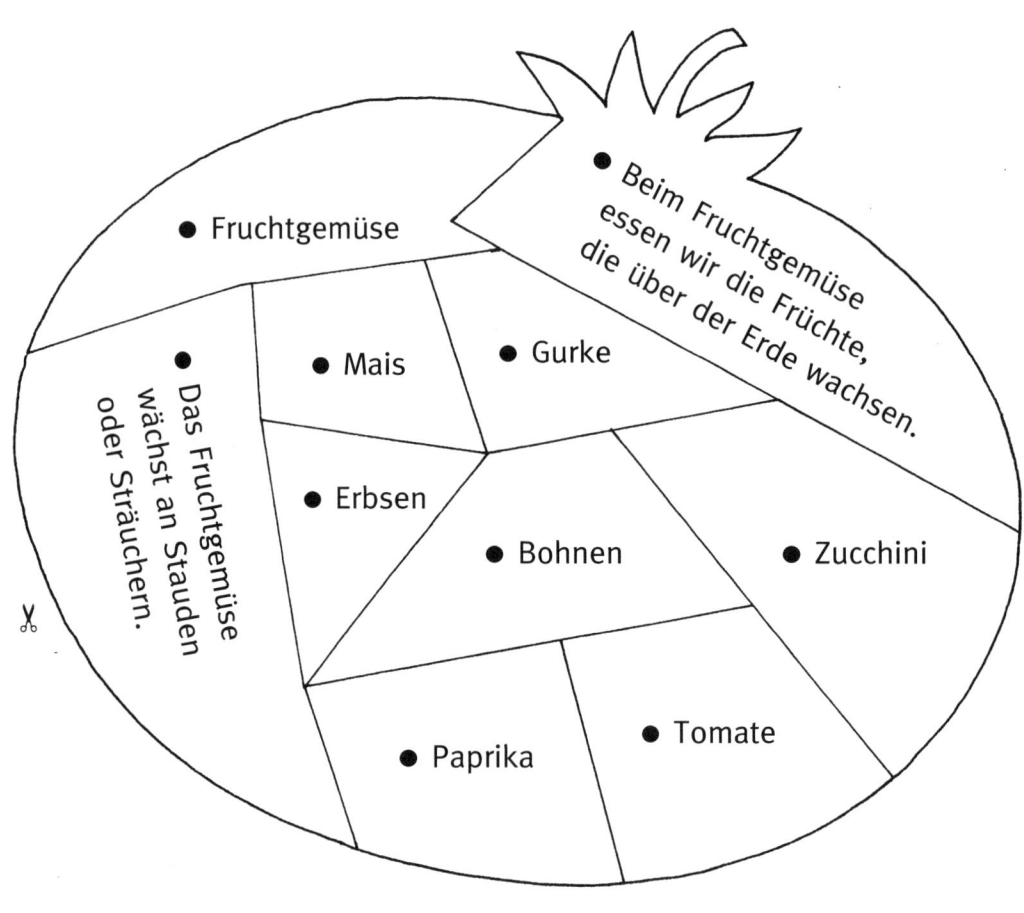

Fruchtgemüse

Beim Fruchtgemüse essen wir die Früchte, die über der Erde wachsen.

Das Fruchtgemüse wächst an Stauden oder Sträuchern.

Mais

Gurke

Erbsen

Bohnen

Zucchini

Paprika

Tomate

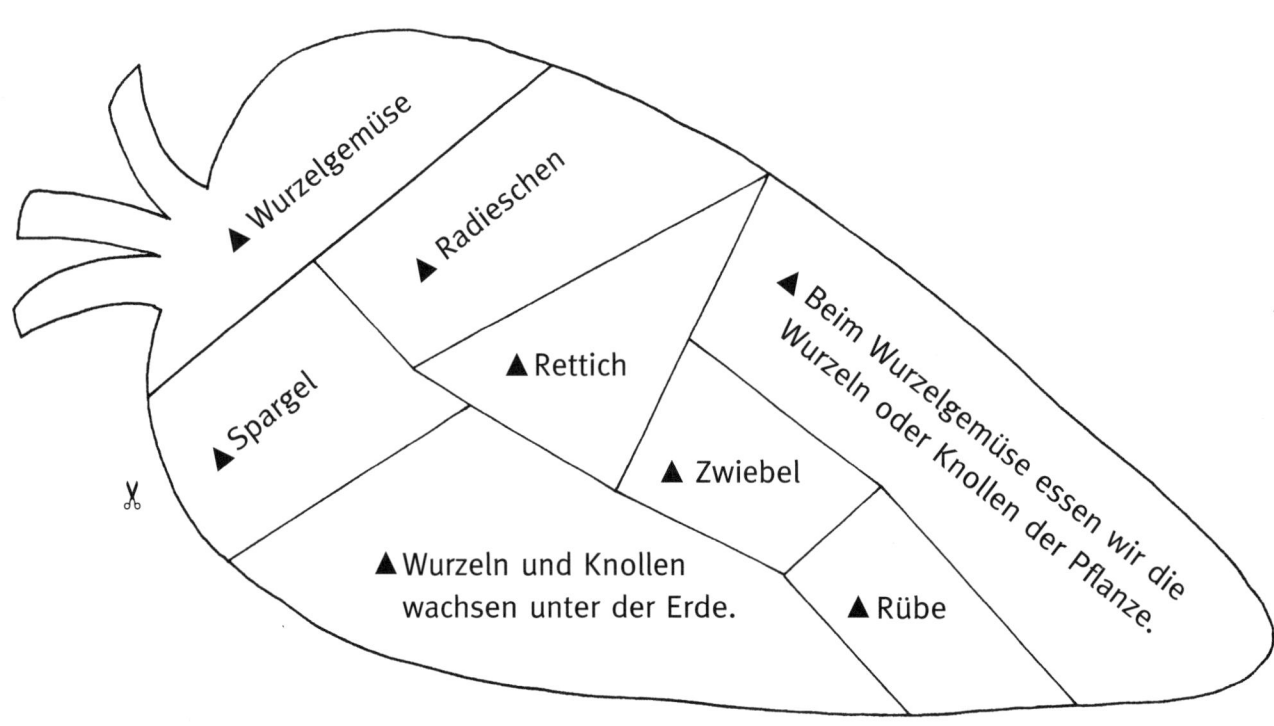

Wurzelgemüse

Radieschen

Beim Wurzelgemüse essen wir die Wurzeln oder Knollen der Pflanze.

Spargel

Rettich

Zwiebel

Wurzeln und Knollen wachsen unter der Erde.

Rübe

## Gemüse-Puzzle 3

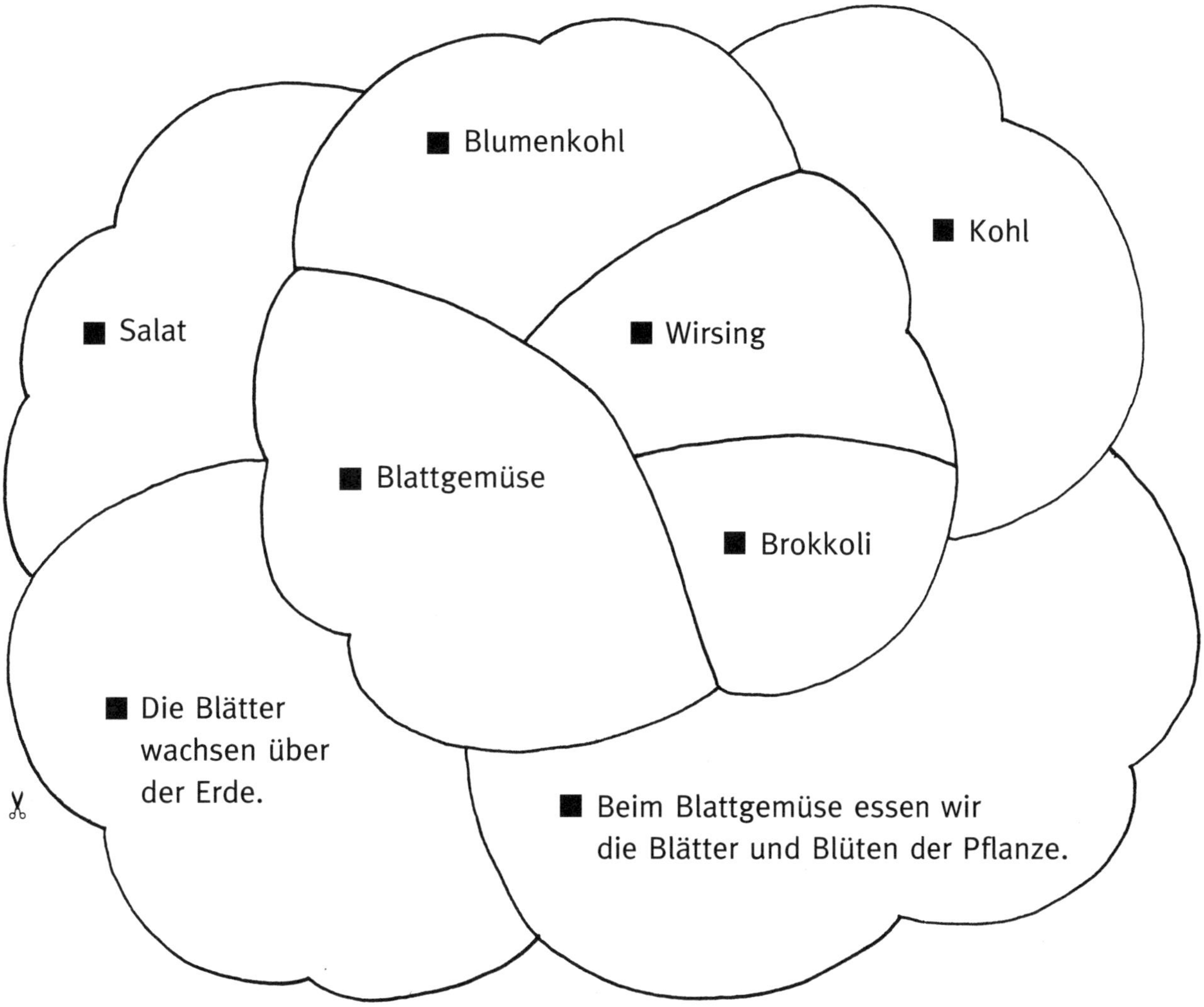

■ Blumenkohl

■ Kohl

■ Salat

■ Wirsing

■ Blattgemüse

■ Brokkoli

■ Die Blätter
wachsen über
der Erde.

■ Beim Blattgemüse essen wir
die Blätter und Blüten der Pflanze.

# Blatt-, Frucht- und Wurzelgemüse

## Gemüse sortieren

■ Schreibe die Gemüsenamen in die richtige Kiste.

■ Vergleiche mit dem Lösungsblatt.

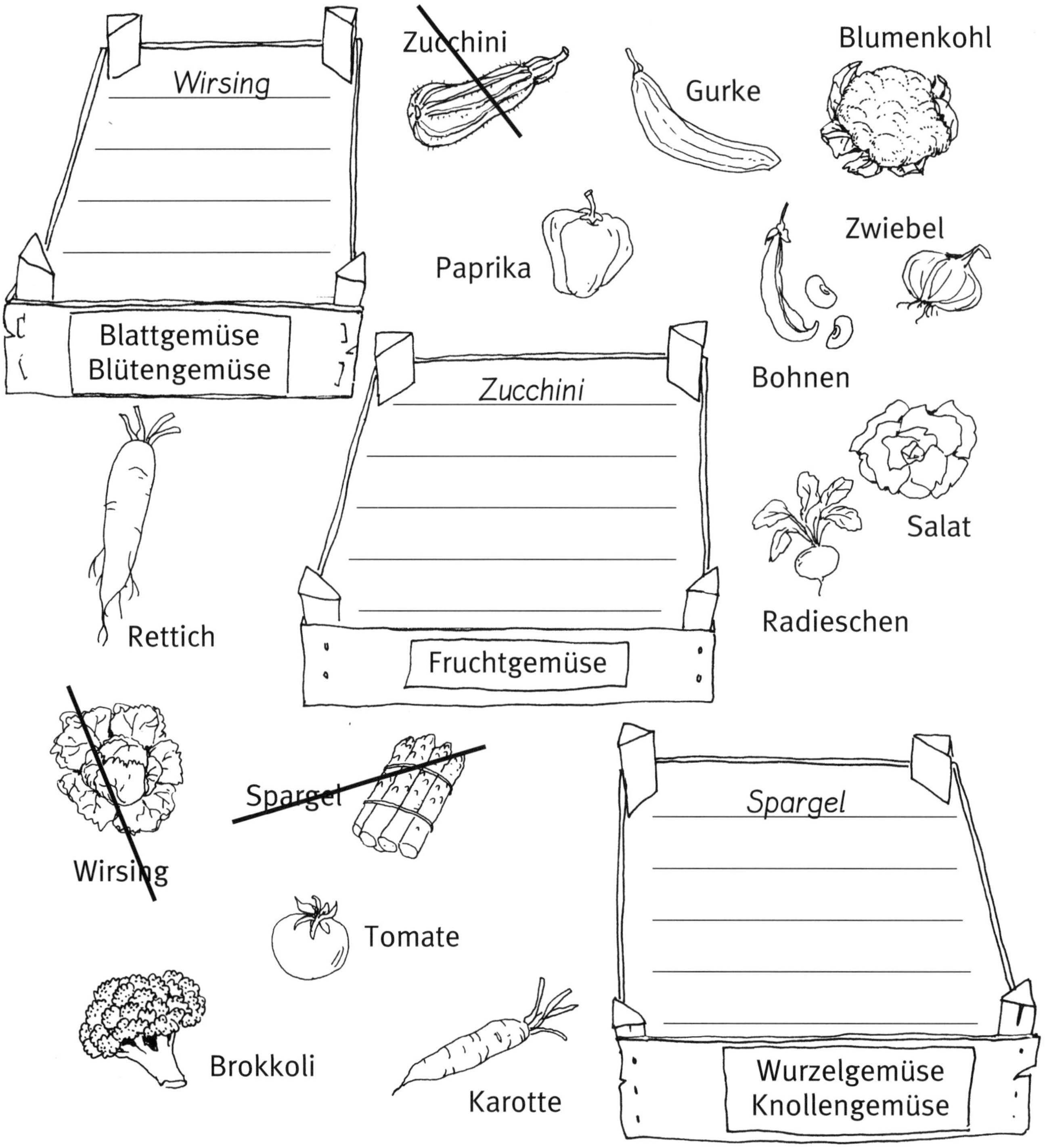

*Wirsing*

Zucchini

Gurke

Blumenkohl

Paprika

Zwiebel

**Blattgemüse
Blütengemüse**

*Zucchini*

Bohnen

Salat

Rettich

**Fruchtgemüse**

Radieschen

Spargel

Wirsing

*Spargel*

Tomate

Brokkoli

Karotte

**Wurzelgemüse
Knollengemüse**

## Gemüse der richtigen Pflanze zuordnen

■ Schneide die Kärtchen aus.

■ Klebe das Gemüse zur richtigen Pflanze.

■ Male das Gemüse an.

■ Vergleiche mit dem Lösungsblatt.

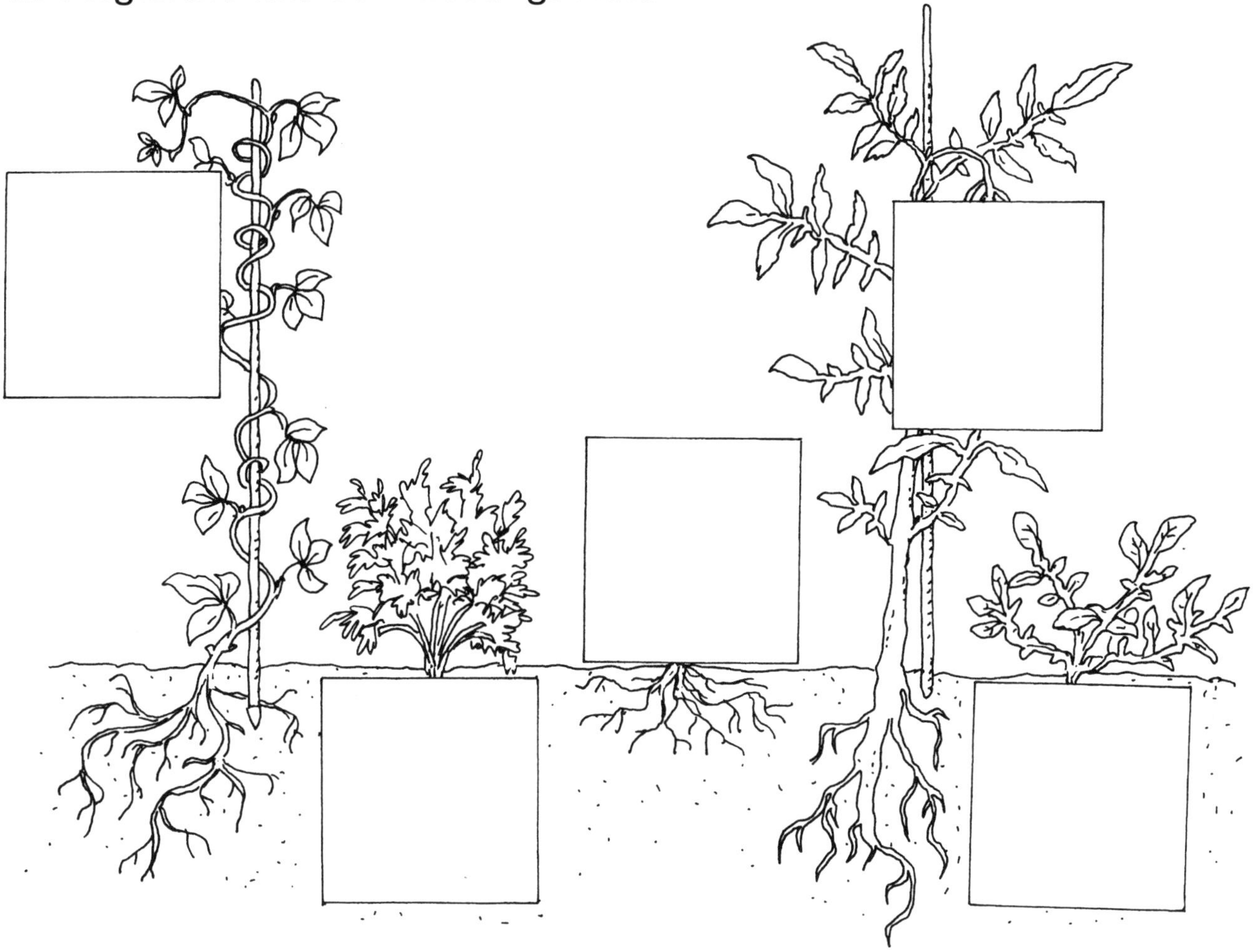

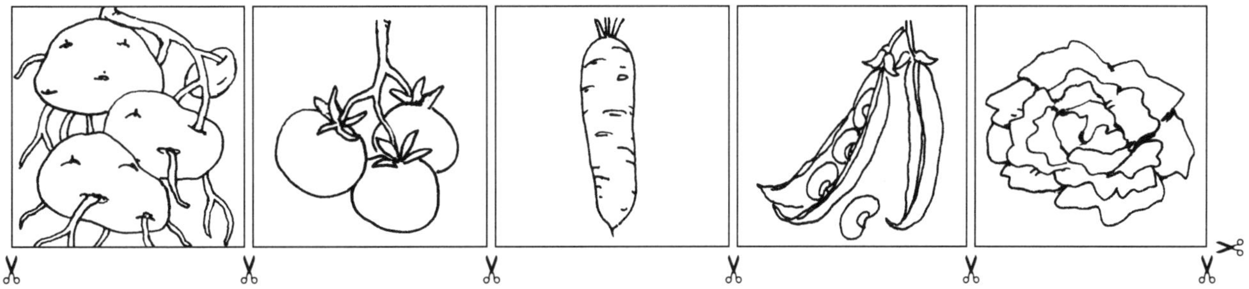

## Gemüse-Quartett 1, Spielregeln

◼ Suche dir drei andere Kinder.

◼ Jedes Kind erhält fünf Karten.

◼ Zieht der Reihe nach immer eine Karte von eurem Nachbarn.

◼ Vier Karten, die zusammengehören, ergeben ein Quartett und werden abgelegt.

◼ Sieger ist, wer die meisten Quartette hat.

## Gemüse-Quartett 2, Spielkarten

| | | | Knollen-gemüse |
| | | Pommes frites | |

| | | | Blüten-gemüse |

| | | | Frucht-gemüse |
| | | Ketchup | |

| | | | Wurzel-gemüse |
| | | Karottensaft | |

| | | | Blatt-gemüse |
| | | Salat | |

# Obst und Gemüse verarbeiten

## Mögliche Zubereitungsweise ankreuzen

Manches Gemüse essen wir nur roh oder nur gekocht. Es gibt aber auch Gemüsesorten, die man sowohl roh als auch gekocht essen kann.

▨ Kreuze bei jedem Gemüse an, wie man es essen kann.

▨ Vergleiche mit dem Lösungsblatt.

|  | roh | gekocht |
|---|---|---|
| Tomaten | ○ | ○ |
| Kartoffeln | ○ | ○ |
| Karotten | ○ | ○ |
| Bohnen | ○ | ○ |
| Zwiebeln | ○ | ○ |
| Radieschen | ○ | ○ |
| Mais | ○ | ○ |
| Erbsen | ○ | ○ |
| Paprika | ○ | ○ |
| Blumenkohl | ○ | ○ |
| Gurken | ○ | ○ |
| Zucchini | ○ | ○ |
| Spargel | ○ | ○ |
| Rettich | ○ | ○ |

## Wege nachfahren

▨ Finde heraus, wie man die Gemüse kaufen kann. Fahre dazu die Linien nach. Benutze unterschiedliche Farben.

▨ Vergleiche mit dem Lösungsblatt.

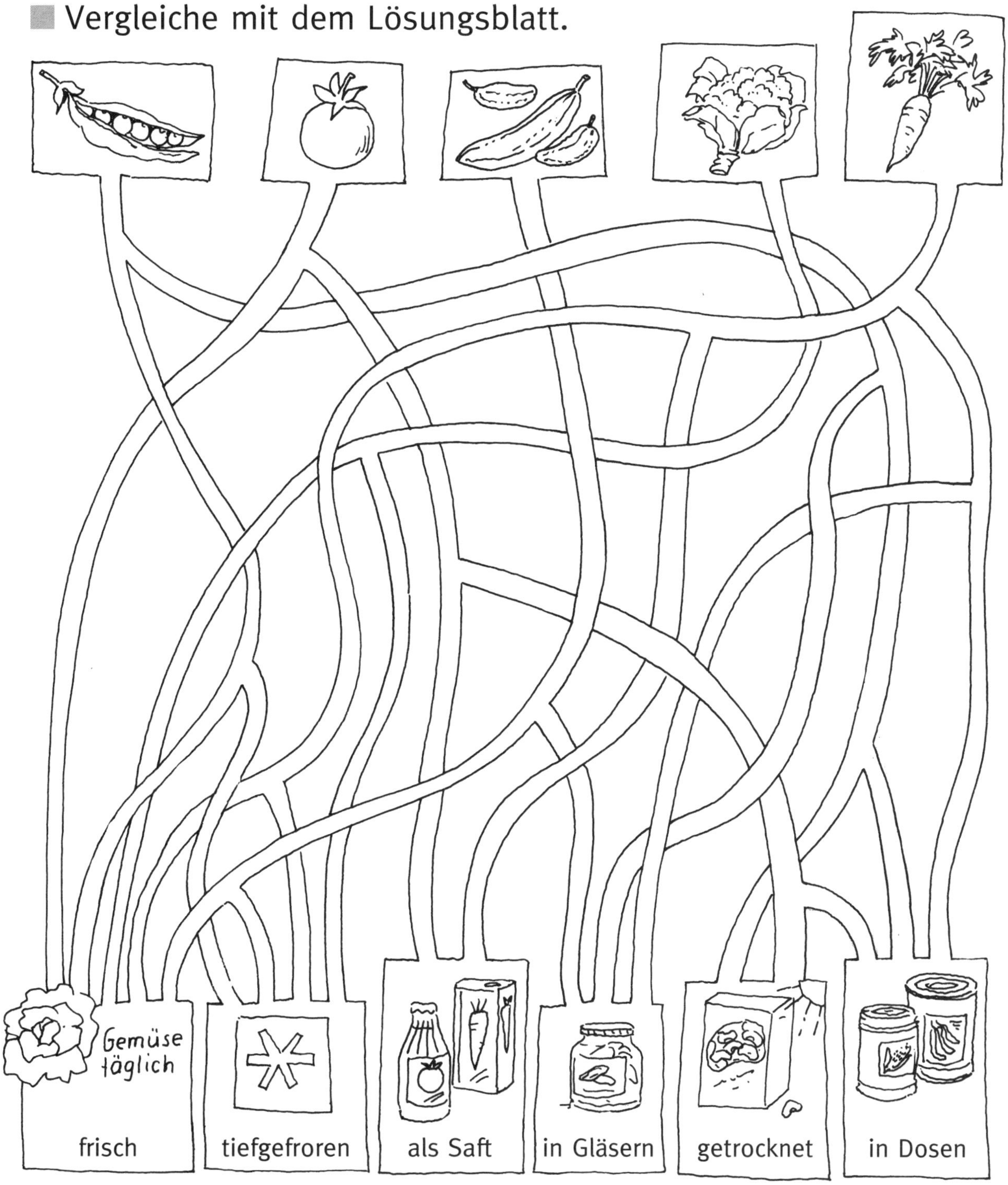

|  |  |  |  |  |  |
|---|---|---|---|---|---|
| frisch | tiefgefroren | als Saft | in Gläsern | getrocknet | in Dosen |

# Obst und Gemüse verarbeiten

## Obst und Gemüse dem passenden Lebensmittel zuordnen

Aus Obst und Gemüse kann man Lebensmittel herstellen.

■ Schreibe zu den jeweiligen Lebensmitteln passendes Obst bzw. Gemüse.

■ Vergleiche mit dem Lösungsblatt.

| | **Marmelade aus:** | | **Saft aus:** |
|---|---|---|---|
| | _____ | | _____ |
| | _____ | | _____ |
| _____ | | _____ | |
| _____ | | _____ | |
| _____ | | _____ | |
| _____ | | _____ | |
| | **Suppe aus:** | | **Salat aus:** |
| | _____ | | _____ |
| | _____ | | _____ |
| _____ | | _____ | |
| _____ | | _____ | |
| _____ | | _____ | |
| _____ | | _____ | |

Kirschen, Äpfel, Erdbeeren, Paprika, Bohnen, Himbeeren, Orangen, Trauben, Kartoffeln, Gurke, Tomaten, Spargel, Aprikosen, Karotten

# Obst und Gemüse verarbeiten

## Obstspieße herstellen

▓ Suche dir verschiedene Obstsorten aus dem Korb heraus.

▓ Wasche dein Obst gründlich.

▓ Schneide das Obst in kleine Stücke.

▓ Spieße die Fruchtstücke abwechselnd
auf einen Schaschlikspieß.

▓ Guten Appetit!

## Brotgesichter herstellen

■ Nimm dir eine Scheibe Brot und belege sie mit Wurst oder Käse.

■ Überlege dir, welche Gemüsesorten du für das Dekorieren deines Brotgesichtes verwenden möchtest.

■ Wasche und schneide das Gemüse.

■ Belege dein Brot so mit verschiedenen Gemüsestücken, dass ein lustiges Gesicht entsteht.

■ Lass es dir nun schmecken!

# Obst- und Gemüsewürfelspiel

## Spielregeln

■ Suche dir 2–3 andere Mitspieler.

■ Würfelt abwechselnd und geht die gewürfelte Augenzahl vorwärts.

■ Auf diesen Feldern müsst ihr Folgendes beachten:

(?) Ziehe eine Fragekarte.

Wenn du die Frage richtig beantwortest, darfst du die Karte behalten.

⬤ Gehe 3 Felder zurück.

⬤ Setze ein Mal aus.

■ Gewonnen hat derjenige, der im Ziel die meisten Karten hat.

## Spielplan

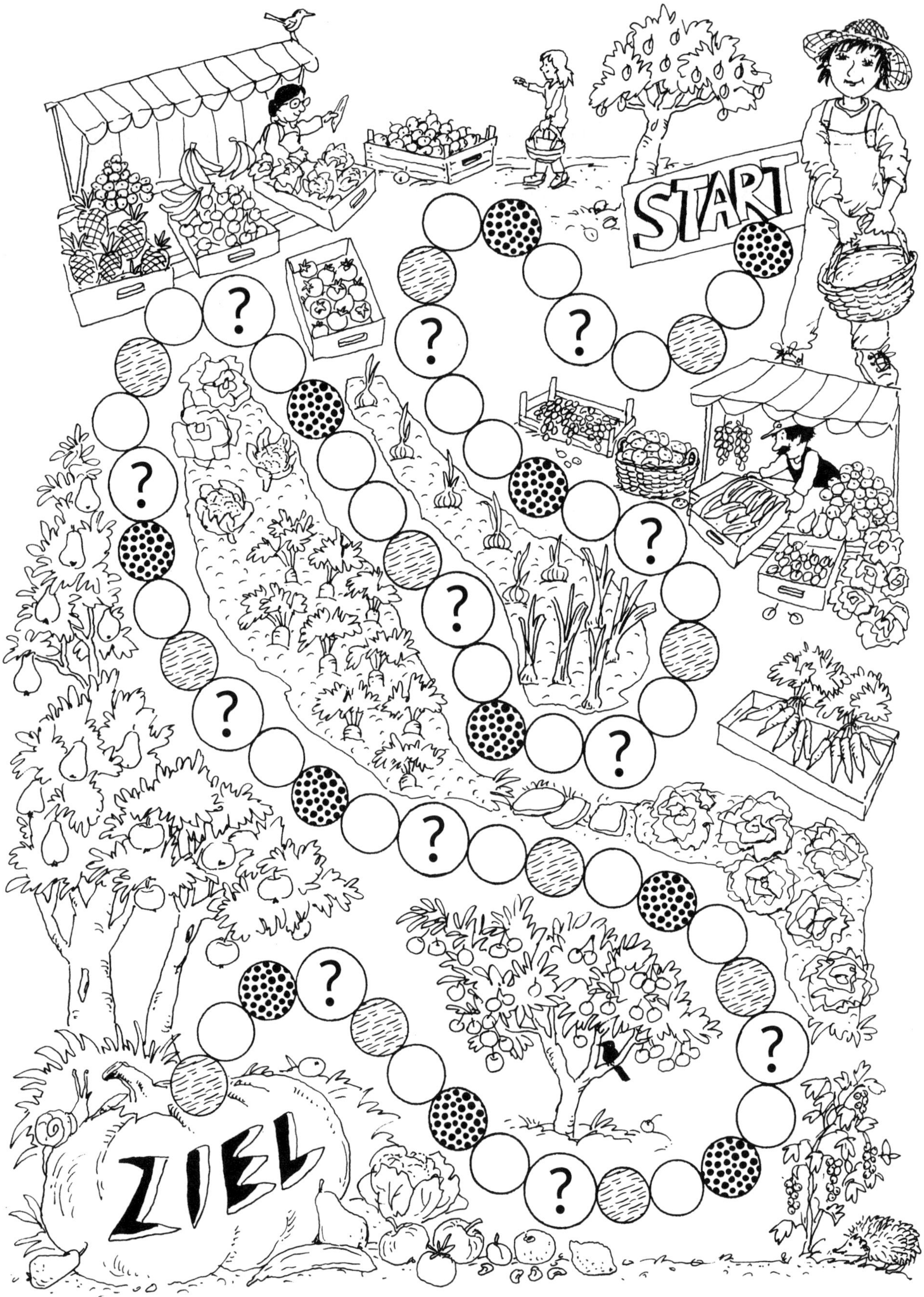

## Spielkarten I

| | | |
|---|---|---|
| Nenne drei Obstsorten. | Welche Obstsorten haben einen Stein? | Nenne mindestens zwei Südfrüchte. |
| Nenne drei Gemüsesorten. | Nenne zwei Gerichte, die man aus Kartoffeln herstellen kann. | Nenne dein Lieblingsgemüse. |
| Beschreibe deinen Spielpartnern eine Erbse. | Welche Obstsorte hat eine gelbe Schale und ist sauer?<br><br>**Antwort:** Zitrone | Welche Früchte wachsen auf einem Baum? Nenne vier. |
| Ich bin rot, süß und habe kleine schwarze Punkte auf meiner Haut. Ich wachse im Frühling.<br><br>**Antwort:** Erdbeere | Welchen Teil des Gemüses isst man beim Paprika?<br><br>**Antwort:** Frucht (Fruchtgemüse) | Welche zwei Obst-sorten haben ein Kerngehäuse?<br><br>**Antwort:** Apfel, Birne |

## Spielkarten II

| | | |
|---|---|---|
| Welchen Teil des Gemüses isst man beim Blumenkohl?<br><br>**Antwort:** Blüte (Blütengemüse) | Beschreibe deinen Spielpartnern eine Banane. | Nenne zwei Gemüsearten, die zum Wurzel- bzw. Knollen- gemüse gehören. |
| Aus welchem Gemüse kann man Saft herstellen?<br><br>**Antwort:** Tomate und Karotte | Welches Obst hat eine samtige Schale und ist gelbrot? Es wächst im Süden. Im Inneren hat es einen Stein.<br><br>**Antwort:** Pfirsich | Nenne dein Lieblingsobst. |
| Nenne zwei Gemüsesorten, die man nur roh isst. | Nenne drei Gemüsesorten, die zum Fruchtgemüse gehören. | Nenne vier Gemüsesorten, die man tiefgefroren kaufen kann. |
| Nenne Obstsorten, die Kerne haben. | Welche Früchte wachsen an einem Strauch? Nenne vier. | Beschreibe deinen Spielpartnern einen Blumenkohl. |